Walter Helmut Fritz
Offene Augen Gedichte
und Aufzeichnungen

| Hoffmann und Campe |

Zusammengestellt und mit einem Nachwort
von Matthias Kußmann

1. Auflage 2007
Copyright © 2007 by
Hoffmann und Campe Verlag, Hamburg
www.hoca.de
Buchgestaltung: Rolf Staudt
Satz: TypoForum GmbH, Seelbach
Druck und Bindung: Pustet, Regensburg
Printed in Germany
ISBN 978-3-455-40083-0

Ein Unternehmen der
GANSKE VERLAGSGRUPPE

Gedichte

Nach dem Erwachen

Dank für den Augenblick,
in dem die Helligkeit
wieder da ist,
sich an die Arbeit macht,
auseinanderfaltet,
was sich eben noch
verdeckt hielt.

Im See

schwamm der Himmel,
schwamm Gegenwart.
Fischer warfen die Angeln aus.
Am Bug eines vorbei-
fahrenden Schiffs
stand Liszt, gut erkennbar,
und spähte herüber.
Blühende Gärten waren noch
außer Rand und Band.
Aus Gewohnheit nahte sich Dämmerung.
Die Zeit in Cadenabbia
mit Erzählungen und Gedichten
begann zu entschwinden,
der Abend machte sich schön,
gebar das wechselvolle Spiel
der letzten Farben
und Spiegelungen –

Mein Lesezeichen

war gestern ein Grashalm,
vergänglich genug

um in der Erinnerung
zu glänzen, zu erzählen

von einem Weg,
der weiter schwingt

in diesem Gestöber von Licht,
das unablässig

die Dunkelheit rodet.

Eben

hatte ich Christoph Meckels
Gedicht »Tarnkappe« gelesen,
in dem ich seine unstete Spur,
seine Abenteuerlust und

seinen lautlosen Schatten fand,
als der Postbote von ihm
einen Brief aus Rémuzat brachte,
dem er eine Handvoll

Schafswolle beigelegt hatte,
von einem Dornstrauch genommen
im Lavendel-, Thymian- und
Weidegebiet, wie er schrieb.

Ich sehe ihn auf den Streif-
zügen durch seine Landschaft.
Sie ist vor ihm aufgeschlagen
und heißt ihn willkommen.

In Sprüngen

erreicht der Wasserfall
die Felsenabsätze,
prallt davon ab

zeigt seine Ungeduld,
schäumt und sinkt zurück,
wäscht das Gestein aus

bildet Wirbel,
in denen vorgeformt ist,
was uns blenden wird

was uns bedroht
und schützt.

Zeitleichte Fragen

Wer sind wir, wenn
wir nicht träumen?

Muß Leben fremd sein,
damit man es sieht?

Warum reist man
ans Ende der Welt

um das Geschenk zu finden,
das einem vor Augen liegt?

Wulf Segebrecht ist unterwegs
zu einem Stelldichein

mit Studenten, zu einem
Gespräch über Gedichte

als ihm Dezember-Zwielicht,
als ihm der Wind

der den Tag bewegt,
zeitleichte Fragen stellt.

Am Ufer des Flusses

mit seinem Getuschel
und seinen Spiegelungen
sieht ein Dalmatiner
(das Kind nennt ihn
Reis-mit-Korinthen-Hund)
in ihrem Rennboot
Ruderern nach,
bis sie dahin sind.

Aber wo?

Heute nacht – sagte er –
rief mich im Traum
zum erstenmal
seit ihrem Tod
mit leiser Stimme
meine Frau an
und fragte, ob ich sie
nicht abholen könne –
aber wo?

Winde

Vorhin hat sich die Knospe,
blitzend in ihrem Laub, entfaltet.

Die Blüte, rot geflammt,
zeigt ihren weißen Herzgrund.

Nach einigen Stunden, gegen Abend,
wird sie sich schließen.

Neue Blüten werden sich öffnen
am kommenden Morgen.

Vergänglichkeit als Fest,
das dauert.

Du kennst diesen Drachen

der überall zugange ist.
Er hat viele Köpfe,
spricht mit allen zugleich,
will uns einreden

Leben sei gewöhnlich,
man brauche beim Erwachen
nicht zu erschrecken

vor Freude.

Die Fliehkraft

seiner Schrift,
ihre Springfluten,
aus denen plötzlich
offene Augen blickten

die zeigten,
er war bei sich selbst,
von seiner Scheu bewacht,
zugleich in anderem Leben

heimisch – Rudolf Hirsch
mit seiner Bewunderung
für Hofmannsthals Satz,
Hemmungen gehörten

zu unseren fruchtbarsten
Daseinsbedingungen;
mit seinem Mißtrauen,
wenn jemand radschlug

oder ohne Passion war;
mit seiner Aufmerksamkeit
für das, was er las,
mit dem er behutsam

wie mit Lebewesen umging;
mit seiner Stimme,
die man noch lange vernahm,
wenn die Telefonhörer

aufgelegt waren
in der Armut, im Reichtum
der Einsamkeit, der atmenden,
lauschenden Dämmerung.

Désir

Abseits dort
im Halbschatten
– nah der Notausgang –
ein Sarkophag.

Er ist ohne Relief,
erzählt nichts.
Nur ein Wort
steht darauf: Désir.

Siehst du

die Schildkröten, gerade geschlüpft,
wandern mit flachen Paddeln
ohne innezuhalten zum Meer,
das mit seiner leuchtenden
Weite, seiner Nahrung
und langen Liebkosungen
ruhig über sie verfügt.

Dein Großvater

ist nie gestorben.
Hand in Hand
gehst du auch jetzt
mit ihm über Land.

Auch jetzt zeigt er dir
Pflanzen, Tiere, manchmal Riffe,
baut er dir Drachen,
aus Nußschalen Schiffe

mit Streichhölzern als Masten,
Segeln aus Papier,
vor denen du staunend
stehst, gerade vier.

Die Kinder

Nach dem Gewitter
üben sie Gummispringen,
verschiedene Figuren,
Zitrone, Apfelstrudel, Rollmops,
Hexenküche und Nadelöhr.
Das Mädchen mit dem Käfergesicht
gibt bald auf,
betrachtet statt dessen
das Abendrot an der Hauswand,
nachher das Wasser im Rinnstein,
wie es eilig den Gully sucht.
Träum nicht, ruft eine Freundin,
ehe die Kühle
zu ihnen tritt
und die Lampen
hinter den Fenstern
sich selbst entzünden.

W. H.

Noch ist er regungslos.
In seine Funde verloren?
Eins mit dem, was er war,
was er sein wird.

Dann beginnt er sich zu bewegen,
kommt auf uns zu,
den Kopf zur Seite geneigt,
keine Luftspiegelung

vorspringend die Nase,
überhängende Augenbrauen,
im Blick die Erinnerung an Italien.
Wilhelm Heinse.

Heute hat er den Rheinfall
bei Schaffhausen gesehen.
Dort werde das Wasser
– hell seine Stimme –
von der heftigen Bewegung
zu Feuer, es rauche.

Und das Orgelspiel, Geige, Klavier,
Fechtkunst und Billard?
Er liebe alles noch immer,
auch das Schlittschuhlaufen
(wie ein Holländer, meint er),
er wolle nicht davon lassen.

Beiseite gesprochen halblaute Sätze.
Jedes Gefühl blitze
durch das ganze Weltall.
Jeder sei sein eigener Abgrund.

Die Sonne hänge an Ketten.
Not sei der Schlüssel, mit dem man
die Springfedern des Herzens
aufziehen könne.

Die ganze Geschichte sei nötig,
damit ein einziges Menschenleben
in die Sichtbarkeit komme.
Dann Stille. Wo ist er?

Einem Wort gleich

sieht das Eichhorn
um sich

bevor es
– im Nu ist es oben –

rostrot
mit weißem Bauch

übermütig
verletzlich

von einem Ast
zum andern

von einer Baumkrone
zur nächsten

springt.

Während Dämmerung

sich auf den Teich stahl,
stießen sich Frösche
vom Ufer ab

knurrten

bis lauernd
ein Graureiher erschien
und sie augenblicklich

verstummten.

Tod eines Freundes

Er ist verschieden, ist anders.
Hat eine Tür aufgestoßen,
einen Schlupfwinkel gefunden,
sich selbst vergessen.
War ein junger Hüpfer,
ein alter Hase.
Die Zeit bog sich nicht zurück.
In seinem Garten erscheinen
von neuem Gladiolen,
drehen sich leicht im Licht.

Die Töne

sind erfinderisch,
haben Gesichter,
verstehen sich,
lassen dich nicht im Stich
seit deiner ersten
Rolle, Zerlina.
Noch bist du ihr auf der Spur
mit ihren Arien,
bist du das Mädchen,
ist da, ich hör es,
dein Überschwang,
deine Lust zu leben.

Gadamer

I

Er ist wach,
ist wieder fünfzig.

Buchstabieren
lehrt er zuerst.

Stimme
im gastlichen Hörsaal.

Augen –
sie machen sichtbar

Unsichtbares,
das ans Licht will.

Heidelberg,
früher Sommernachmittag.

II

Geduldig horcht er
auf die Sprache des Anfangs
und wird dabei rege.

Vergessen Sie nicht Heraklits Wort,
daß die Natur gewohnt ist,
sich zu verbergen.

Er geht auf und ab,
sagt nicht zuviel.
Draußen das Ansteigen der Dächer.

III

Gibt es nicht den Blitz,
der für einen Augenblick
das Dunkel aufreißt
und zeigt, daß lebt,
was vorbei ist?

Lautloses Gewesensein,
unaufhebbar,
diesseits und jenseits
des beschlagenen Fensters.

IV

Trümmerhaft oft
die Überlieferung,
die ihn anspricht,
die er durchwandert.

Mitwandern sieht er
den Horizont
mit seiner Schrift
aus Küsten und Inseln

und von der Sonne
erwärmtem Gestein,
über dem blendendweiß
eine Möwe dahinsegelt.

V

Vorgänger am Katheder.
Jetzt ihm im Nacken,
dann von ihnen befreit,
erfüllt von der Lust,
von Grund auf zu fragen.

Ist es nicht schön zu merken,
wie einem im Gespräch etwas aufgeht,
wie etwas hervorkommt,
wie etwas sich abbildet
im Bewußtsein

wie uns die Dinge dabei
unverwandt ansehen,
wie etwas entschwindet
und wieder auftaucht
an einem anderen Ort?

Mit einem Blick, einem Lächeln
verständigt er sich,
hilft er den Weg bereiten.
Er glaube, alle brauchten einander,
selbst Bäume und Quellen.

VI

Nicht wahr, Zeit –
sie geschieht uns.
An ihr ist ein Schimmer.
Wir sind ihr verfallen.
Wir fragen, ob alles
mit rechten Dingen zugeht,
ob drunter oder drüber,
vor uns oder hinter uns,
wenn wir zum erstenmal
spüren, wie sie gebietet.

VII

Eine Tagung im Schwarzwald.
Im Schnee wartende Vögel.

Rede und Gegenrede über das,
was sich in einem Leben
sperrt, was sich fügt
was sich fügt, was sich sperrt

zwischen Zerstreuung und Entsetzen,
Gruß und Lebewohl.

Auf der anderen Seite des Tals
Glanz über dem Hügelrücken.

VIII

In der Gasse
ein Lied, es erklingt

und verklingt.
Einkehr im »Florian«.

Weißwein; Vergnügen springt
von Gesicht zu Gesicht.

Die Geranie dort –
führt nicht auch sie

ihr Tagebuch?
Hat nicht auch sie

Pupillen?
Für Augenblicke

seine Hand über
der flackernden Kerze.

IX

Sich annehmen,
auch mit allem Versäumten,
zu später Einsicht.
Sich vergessen im Schlaf,
in der Nacht
mit ihren Sternen,
die kommen und gehen,
in den Schattenbildern der Träume,
unenthüllbar.

X

Er freut sich,
wenn es hell wird,
auf die Arbeit

und die rollenden Töne
der Feldlerche,
die flatternd

am Himmel steht.
Am Schreibtisch sagt er
seinem Besucher

er werde das alles
bald verlassen,
möchte aber vorher

noch einiges ordnen.
Es ist wenige Wochen,
bevor er zurücksinkt

in den Tod.

Aufzeichnungen

Was in der Erinnerung

mit dieser Strahlkraft lebt? Eine Mittagshöhe, eine Springflut, eine Widerfahrnis, ein Jenseits, Gesichter, die sich abgewandt haben und deinem Blick doch wieder antworten; Menschen, die lieben wollten, wie es im Buche steht; ganz sie selbst wurden, als sie an einem Tiefpunkt waren; in ihrer Arbeit so aufgingen, daß sie sich selbst vergaßen; in einem Netzwerk, in der Stille (rätselhafte Freundin) nach Spurenelementen suchten; Land- und Himmelskarten studierten; den Besuch der Jahreszeiten immer zum erstenmal erfuhren.

Er ist Astronom

Meist ist er über alle Berge. Wenn man ihm doch einmal begegnet, breitet er zur Begrüßung die Arme aus. Von ihm hörte ich zum erstenmal das Wort »Sternenkrippe«. Von Zeit zu Zeit, meint er, müsse man das Bewußtsein auf einem solchen Wort oder auf Wahrnehmungen, Vorstellungen, Gedanken zur Ruhe kommen lassen. Was mir dieses Mal im Gedächtnis blieb, war seine Formulierung vom Wunder des richtigen Abstands. Die Erde sei von der Sonne gerade so weit entfernt, daß Wasser – durch Kälte, durch Hitze – nicht für immer gefriere oder verdampfe, sondern, als Voraussetzung für Leben, die Möglichkeit hat, Wasser zu bleiben.

Auf den Leib geschrieben

Ich begegnete dem Lyriker Hans Peter Keller während einer Tagung im ehemaligen Jugoslawien. Er war erfüllt von der Lektüre der Reflexionen und Maximen Vauvenargues', den er gerade für sich entdeckt hatte. Daß Zeiten langen Glücks oft in einem Augenblick zerrinnen, wie heiße Sommertage von einem Gewittersturm verweht werden; daß die höchste Fähigkeit der Seele ihre Fähigkeit zur Freude ist; daß wir in uns selbst entdecken, was die anderen uns verbergen, und in anderen erkennen, was wir vor uns selbst verbergen; daß der Geist Großes oft nur im Sprung erreicht; daß man nicht konzentriert genug sein, nicht schnell genug schließen kann – das alles erwähnte er, als habe er lange nicht gesprochen, dann schwieg er für Augenblicke, und schließlich sagte er, Sätze wie diese seien ihm auf den Leib geschrieben.

Von Zeit zu Zeit schickte er seine Gedichtbücher. In eins schrieb er: »meine alten Irrtümer / die wollen umkehren zu mir ...« Er starb im Mai 1989. Es bleibt seine einsilbige, zuweilen frostige Telegramme gebende Stimme.

Halt machen

inmitten der zwei Meter starken, neuntausend Jahre alten Grundmauern von Rundhäusern der Steinzeitsiedlungen Chirokitia auf Zypern. Larnaka und Limassol sind nicht weit. Man hat Skelette, vor allem von Kindern, Knochen von Ziegen und Schafen, Pfeilspitzen, Getreidemörser, Schmuck, kleine Plastiken gefunden. Eingefangene, eingekapselte Zeit. Wer nannte den Tod eine Blüte des Gedankens? Die Steine, der Hügel lassen einen nicht aus den Augen. Was haben sie für uns? Ihr Schweigen, ihre Ruhe, das Licht der Mittagsstunde als weithin sichtbare Aufführung.

Claude Vigée

sieht den Reptilienrumpf eines Ölbaums; Staub, der um Stille bittet; einen sich drehenden Chor von Zypressen; ein Meer von Weinbergen, in dem man die Stunden ruhig vergehen lassen kann; Hinweise, die in Tieren verkörpert sind; die von Sternen rieselnde Nacht. Er hört die Sandalen der Mädchen auf den Steinplatten klappern; vernimmt die Stimmen der toten und der noch lebenden Freunde und spürt – eine Weile das richtige Wort suchend – das Tauziehen zwischen ihnen. Er will die Schrecken verstehen, die er erfuhr, und er merkt, es ist ihm nicht möglich. Er denkt an die Bruchstücke seines Daseins, die von den vergangenen Jahrzehnten hervorgebracht, verschlungen und anders wieder hervorgebracht wurden und sich zu neuen Mustern fügten.

Wisława Szymborskas Gedichte

verwirren häufig die Leichtfertigkeit, mit der wir etwas zu wissen meinen. Sie lassen sich auf keinen Nenner bringen. Sie sind einfach und kunstvoll, melancholisch, tiefsinnig, übermütig, ironisch, jeweils von Anfang an: »Aha, das also ist der Himalaja!« Oder: »Glücklich, verschlang ich einen Stern.« Oder, unter dem Titel »Ein Wort zur Pornographie«: »Es gibt keine schlimmere Ausschweifung als das Denken.« Oder die erste Strophe des Gedichts »Eindrücke aus dem Theater«:

Für mich ist der wichtigste in einer Tragödie der sechste Aufzug:
die Auferstehung vom Schlachtfeld der Bühne,
das Zupfen an den Perücken, Gewändern,
das Ziehen des Dolchs aus der Brust,
das Lösen der Schlinge vom Hals,
das Einreihen zwischen die Lebenden
mit dem Gesicht zum Parkett.

Wie oft sind einem diese Gedichte um Schritte voraus.

Ein Mann

ist starr vor Entschlußlosigkeit, vor Selbstbezichtigungen. Er scheut davor zurück, sich bemerkbar zu machen. Alle Fäden gleiten ihm aus der Hand. Er spricht von Spielarten der Niederlage; von der Auffächerung nicht begriffener Vorgänge. Auf Gesichter ist er gefaßt wie auf Naturerscheinungen. In den Augen einer Frau nimmt er eine Fliederfrische wahr, die Frost ankündigt. Josef W. Janker ist ein Schriftsteller, der Aussparungen liebt. Was seine Aufmerksamkeit herausfordert: eine Verlegenheit, eine Enttäuschung, ein erwachendes Mißtrauen; der hilflose Versuch, etwas ungeschehen zu machen; der Wunsch, noch einmal dort zu sein, wo man einmal war. Eins seiner Bücher heißt: *Mit dem Rücken zur Wand*. Er weiß, wie wichtig das ist, was fehlt; wie ausdauernd Gespenster tanzen; wie selten Gedanken zur Ruhe kommen.

Vor Tizians »Danae«

im Museum Capodimonte von Neapel verstand ich, daß es auf dem Bild den Unterschied zwischen drinnen und draußen fast nicht gibt, man eine wirkliche Grenze zwischen den Räumen, der angedeuteten Architektur und der Ferne kaum ausmachen kann; daß ein Kontinuum von Helligkeit sowohl die Körper in ihrer Selbstvergessenheit, Nacktheit, Gelöstheit als auch die krapprote Decke des Lagers, den Vorhang, den Schatten der Wolke aus sich entläßt. Ein Bild ohne Beiwerk. Voller Ruhe. Eine Feier von Schönheit. Licht und Farbe füreinander geschaffen. Sie wetteifern miteinander; bleiben nicht stumm; gehen, wenn wir sie anschauen, in uns über.

Denktraum

Ich besuchte Hermann Kasack Anfang der sechziger Jahre zweimal in Stuttgart. Am deutlichsten in Erinnerung geblieben ist mir seine Begeisterung für das Schachspiel. Er sprach – so die Notiz in meinem Tagebuch – über das Ineinander von Denken und Phantasie, das dafür notwendig sei. Wichtig schien ihm die Tatsache, daß keine Schachpartie eine frühere wiederhole. Vergleichbar sei sie einem Dialog. Anders als im Kartenspiel hätten die Spieler alles vor Augen. Dem gegenwärtigen Augenblick seien sie mit ihren Überlegungen immer voraus. In ihrer Versunkenheit ähnelten sie Somnambulen oder Fakiren. Ihre Besessenheit rühre her von dem Wissen, daß jeder Zug unwiderruflich sei. Sie folgten nur – auf dieses Wort lief alles hinaus – ihrem Denktraum. Mit seiner gedämpften Stimme wiederholte er es, nahm einen Augenblick seine Brille ab, sagte: Sie glauben nicht, wieviel mir dieses Spiel bedeutet hat.
Zum Abschied gab er mir – unter dem Titel *Antwort und Frage* – ein Heft, einen Privatdruck mit dreizehn Gedichten, den ihm die Akademie zu seinem fünfundsechzigsten Geburtstag zugedacht hatte. Das darin enthaltene Gedicht »Zustand« endet mit den Zeilen:

Sprachlos stehst du, ohne Laut,
Tappst durch Schrunden und durch Risse
Langsam in das Ungewisse,
Deiner selbst schon nicht mehr kenntlich.

Nun ist sie

fast hundert. Sie sieht und hört nur noch wenig, sie kann sich kaum bewegen. Jetzt sei sie bald am Gefrierpunkt, meinte sie neulich. Ihre Hände wissen nicht mehr, was sie tun sollen, flattern manchmal auf, fallen zurück, sind wie abgetrennt. In den letzten Jahren sagte sie manchmal, sie sei gespannt, was sie einst »dort« – sie nannte immer nur dieses Wort – erwarte. In ihm faßte sie ihre Angst und ihre Hoffnung und alles, was sich in ihrem Bewußtsein noch herstellte, zusammen. Hinter ihr lodert ihr Leben.

Er erwähnte

dunkle, unsichtbare Materie, die sich nun nachweisen lasse. Sie mache den größten Teil der scheinbaren Leere des Universums aus. Auch sie habe Dauer, weil sie ein Rätsel sei. Auch mit ihr befänden wir uns in unaufhörlichem Austausch. Man müsse bereit sein, sich Winke geben zu lassen; nicht zu ermüden; Lehrling zu bleiben, zu forschen ohne Anmaßung.

Das hast du gelesen?

Das Chaos sei die gleichzeitige Anwesenheit verschiedener Ordnungen? Unabsehbar, welche Bedeutung ein Wort bekommen kann: gleichzeitig. Plötzlich zeigt sich ein so lange verborgener, geheimer Grund von Flickwerken, von Verhängnissen.

Ich hörte Johannes Edfelt

– bei geselligen Anlässen in Darmstadt, Köln, Bremen – verschiedentlich von sich sprechen, obwohl er Zweifel hatte, ob man dazu wirklich in der Lage sei. Es waren Worte eines Mannes, der zurücksieht und merkt, daß alles Gewesene an- und abwesend zugleich ist; der mit den Fehlern, die er gemacht hat, hadert, aber auch ahnt, daß sie zur »Gerechtigkeit« des Lebens gehören; der ernst, melancholisch, gefaßt ist, nichts aufbauscht, »Höllenträume« hat, von denen er sich zuweilen befreien kann in Erinnerungen an die Kindheit; dem es manchmal schwerfällt, seinem Leben zu »glauben«; der gelernt hat, das Getöse der Meinungen gelassen aufzunehmen; der den Schmerz einen Bildhauer nennt, der größer als Phidias sei. Er äußerte all das so beiläufig, so stockend, als versuche er zugleich, alles wieder ungesagt zu machen.

In Crotone

über dem die Sonne tanzt, zwischen Straßenverkäufern, spielenden Kindern, Menschen, die tun, was von Stunde zu Stunde zu tun ist, sieht man ihn – unsicher sein Schritt – umherirren, fast ausgezehrt. Pythagoras. Die Leute sagen, er habe die Fähigkeit, sich an frühere Leben zu erinnern; nenne Erde und Himmel ein Paar. Man hört auch, er verkenne sich oft selbst; versperre mutwillig den Einblick in seine Gedanken, lasse nur wenige Freunde in sie ein. Zu jemandem, der einen Hund schlug, habe er gesagt: Schlag das Tier nicht. Es ist Seele eines befreundeten Mannes, die ich wiedererkannte, als ich das Winseln hörte.

Warum sprach

ihr zehnjähriger Sohn so oft von Dinosauriern? Warum glaubte er noch, daß es sie gab? Warum schüttelte er den Kopf, wenn man ihm sagte, sie seien längst von der Erde verschwunden? Frag doch deine Freunde. Meinst du, die glauben an so etwas? Er trotzte. Seitdem ihm ein altes Buch vor Augen gekommen war, in dem er Darstellungen dieser Ungeheuer fand, war er nicht davon abzubringen, er könnte ihnen eines Tages begegnen. Ihre Formen hatten es ihm angetan, die dicken, vorne kürzeren, hinten längeren Beine, die Zehen, die wie Krallen aussahen, die breiten Zähne. Ich werde sie suchen, meinte er einige Male. Schließlich kam er eines Tages nicht von der Schule zurück. Die Eltern alarmierten die Polizei. Am nächsten Morgen entdeckte ein Spürhund den Jungen schlafend in einem nahegelegenen Wald. Kopfschütteln, Erleichterung, Fragen. Hast du denn keine Angst gehabt? Nein, ich hatte doch einen Stock bei mir.

Nach einer Pause

voll scheinbarer oder wirklicher Apathie begann er wieder auf Wasser zu malen. Nur ein sehr genauer Beobachter (den es nicht gab) hätte vielleicht geringfügige Änderungen an ihm wahrgenommen. Ein leichtes Zögern mitten im Zug. Ein schnelleres Aufbrechen von Wasser zu Wasser. Ein Einhalten im kaum Begonnenen.« Die lebendigste Erinnerung an Helmut Heißenbüttel verbindet sich mit der Stunde, in der er – während eines heranrückenden Gewitters – diesen Abschnitt vorlas, eingefügt zwischen Texte, in denen stand, daß uns das Leben zu oft an der Nase herumführt. Was in seinen Sätzen erschien, war die Empfindung der Fremdheit, die Erfahrung der Ratlosigkeit, das Halluzinatorische des Lebens. Der Wunsch, ein Wassermaler zu sein, habe ihn immer begleitet.

Auf diesem Bergsattel

bei Arco ließ Dürer sich nieder, als er den Ort mit seiner Burg aquarellierte, Dächer, Fenster, Mauerwerk, Zinnen, Felsen, Olivenbäume, in einem atmenden Licht, das alles Wahrgenommene zum Sprechen brachte. Er hatte Augen, die den Dingen entgegengingen; erkannte eine Landschaft, die er glaubte, in die Hand nehmen zu können; erlebte bei der Arbeit Zeit, die zu sich kam, weil sie verging; merkte, daß der Himmel sich nicht entfernte, sondern allem zugehörig blieb.

Es war an dem Abend

in Straßburg spät geworden. Erich Fried sprach von dem Ungenügen, das ihn vorantrieb. Obwohl es schwierig sei, versuche er, nicht im Kreis zu gehen. Nebenbei seine Bemerkung, Träume könnten in der Dunkelheit sehen. Ich vergesse nicht sein Gedicht »Vorübungen für ein Wunder«:

Vor dem leeren Baugrund
mit geschlossenen Augen warten
bis das alte Haus
wieder dasteht und offen ist

Die stillstehende Uhr
so lange ansehen
bis der Sekundenzeiger
sich wieder bewegt

An dich denken
bis die Liebe
zu dir
wieder glücklich sein darf

Das Wiedererwecken
von Toten
ist dann
ganz einfach

Die Zeitungsnotiz

»Ein bei der Weltgesundheitsorganisation in Genf beschäftigter Arzt hat im benachbarten Frankreich seine Frau, seine beiden Kinder und seine Eltern erschossen, bevor er sein Haus anzündete.« Der Mann war aber weder Arzt noch war er bei der Weltgesundheitsorganisation tätig. Fast zwei Jahrzehnte hatte er eine Scheinexistenz geführt, hatte den Tag in Wäldern, Autobahnraststätten und Hotelzimmern verbracht und war am Abend nach Hause zurückgekehrt. Gelebt hatte er von dem Geld, das ihm Bekannte und Verwandte gaben im Glauben, er lege es für sie zu guten Bedingungen auf Schweizer Banken an. Weder seine Familie noch seine Freunde hatten von alldem etwas geahnt. Der französische Schriftsteller Emmanuel Carrère hat die Geschichte eines steckengebliebenen Lebens unter dem Titel *Amok* aufgeschrieben.

Sternschnuppen

fielen vor einer Wand von Dunkelheit. Als Kinder standen wir abends am Fenster oder vor dem Haus und warteten auf sie. Der Raum dehnte sich. Da, sagten wir abwechselnd, wenn wieder einer der Lichtpunkte am Himmel erschien. Sie machten einen sehend. Sie tauchten auf, als hätten sie eine Tür geöffnet, sprangen für Sekunden in die Tiefe und verschwanden. Während die Nacht sie wieder aufnahm, erweckten sie eine Sehnsucht, die Sehnsucht blieb. Sie waren unterwegs. Sie machten ihre kurze Bahn sichtbar. Wenn sie besonders hell oder groß waren, nannten wir sie Feuerkugeln. Hin und wieder waren sie so zahlreich, daß sie Schwärme bildeten. Sie trieben dahin. Später sanken sie mit uns in den Schlaf.

Während eines Vortrags

hörte ich den Schriftsteller Miguel Ángel Asturias von seiner Heimatstadt Guatemala sagen, sie rausche wie das offene Meer. Er liebte – damit die Worte nicht heruntergewirtschaftet würden – das abkürzende Sprechen. Trotz aller Hindernisse gebe es in der Arbeit zuweilen ein plötzliches, unerwartetes Gelingen. Wichtig war ihm ein geduldiges Hinsehen auf das, was ihm die Überlieferung gab und was ihm in der Gegenwart fast verdeckt schien. Es komme immer wieder vor, daß er sich vergewissern müsse, daß er da sei, so durchsichtig werde das Leben. Er nannte Helligkeit – weil sie jeden Morgen in alle Himmelsrichtungen eile – beschäftigt. Keinen Augenblick wirkte er aufgeplustert. Seine Ruhe war für ihn ein Versteck.

Als Schatten auf festem Boden

Der Mann hat als erster im Ruderboot den Pazifik überquert. Seine Fahrt begonnen hatte er in Peru. Fast ertrunken wäre er erst kurz vor der Landung an der Küste Australiens, wo er in der Brandung kenterte. Dreizehntausend Kilometer hat er zurückgelegt. Aber er sei im Wellenschlag der Tage und Nächte hauptsächlich von der Strömung seinem Ziel nähergetragen worden, sagte er. Zeitweise habe ihn Sturm vor sich hergefegt. Seine Vorräte reichten knapp. Überraschend seine Bemerkung, er habe das Gefühl, nach dem unendlichen Augenblick auf dem Meer als Schatten auf festem Boden zu stehen.

Alain Bosquet

liebte beiläufige Anspielungen, aber auch »Summen« – er habe alles bekommen und alles verloren, meinte er, als wir uns das letzte Mal trafen. Oft überraschend seine Beobachtungen. Er sah einer Schwalbe nach und sagte: wie sie flackert. Gelesen hatte er aus einem seiner Romane. Darin ließ er eine Frau festhalten: »Ich habe gelernt, nicht mehr das Glück von der Verzweiflung unterscheiden zu wollen.« In Erinnerung geblieben ist mir vor allem seine Bemerkung, wer etwas suche, sei, kurz bevor er es finde, blind.

Unterwegs

erschien plötzlich – es war Februar, an der Bergstraße lag noch Schnee – in einer flachen, geschützten Mulde der blühende Mandelbaum. Ein Geschenk, ein unvermitteltes *Da*, etwas, das sich nicht entzog, ein Feuer. Keine Sinnestäuschung. Ein Aufgehen der Augen. Immer wieder der Anfang. Seit Tagen war die Temperatur überraschend mild gewesen. Die Stunde, der Hang, ein kurzer, verfliegender Windstoß, die Ferne, der Himmel waren in dem Baum zusammengefaßt, hatten in ihm ihre Mitte, ordneten sich auf ihn hin, auf diesen stillen Jubel, dieses Vertrauen, das für sich, aber nicht nur für sich sprach.

Ernest Chaussons Trio op. 3

und sein Klavierquartett op. 30. Welche fast verschollenen Gedanken bringen die Melodien wieder? Welches Dasein, Dortsein, Fernsein? Welchen Zuwachs an Ahnung? Welche Freude, leicht und schwer? Als wollte einer nicht aufhören zu danken.

Worauf Verlaß sei

Unterwegs zu einer Lesung gingen wir ein Stück weit unter Platanen. Während man sah, daß die Blätter sich unter ihnen sammelten, verstand man, wie Zeit geschieht. Ungewöhnlich direkt meinte Uwe Johnson, auch sein Leben sei schon fast entlaubt. Als er nachher las, merkte man: die Bücher – u. a. die *Zwei Ansichten* – *ruhten* in seiner Hand. Die Art, wie er die Sätze auseinander hervorgehen ließ, machte bewußt, daß er nicht überraschen, sondern nur etwas zeigen und Fragen stellen wollte, etwa die, worauf eigentlich Verlaß sei. Sein Gesicht erzählte von dem, was er mitgemacht hatte, von Einsamkeit und davon, wie wichtig es ist, verlieren zu lernen. Aus der anschließenden Wechselrede schrieb ich mir seine Äußerung auf, am schönsten sei es, so sehr bei einer Sache zu sein, daß man sich selber unkenntlich werde; auf diese Weise könne man manchmal vergessen, wie sehr man zwischen den Fragen, die man stellt, und den versuchten Antworten eingesperrt sei. Draußen hatte Regen über die Straße zu eilen begonnen.

Bei einer Tagung

Gespräch in einer Hotelhalle mit dem Nietzsche-Herausgeber Mazzino Montinari. Über die Freundschaft zwischen Nietzsche und Wagner. Die Trennung habe endgültig sein müssen. Um so mehr sei Nietzsche der Erinnerung an Tribschen treu geblieben. Dabei zog er seine Brieftasche heraus und gab mir ein Blatt, auf dem er Sätze aus einem Abschnitt der *Fröhlichen Wissenschaft* notiert hatte:
»Sternen-Freundschaft. – Wir waren Freunde und sind uns fremd geworden ... Wir sind zwei Schiffe, deren jedes sein Ziel und seine Bahn hat; wir können uns wohl kreuzen und ein Fest miteinander feiern, wie wir es getan haben – und dann lagen die braven Schiffe so ruhig in *einem* Hafen und in *einer* Sonne, daß es scheinen mochte, sie seien schon am Ziele und hätten *ein* Ziel gehabt. Aber dann trieb uns die allmächtige Gewalt unserer Aufgabe wieder auseinander, in verschiedene Meere und Sonnenstriche, und vielleicht sehen wir uns nie wieder ... Es gibt wahrscheinlich eine ungeheure unsichtbare Kurve und Sternenbahn, in der unsere so verschiedenen Straßen und Ziele als kleine Wegstrecken *einbegriffen* sein mögen – erheben wir uns zu diesem Gedanken! Aber unser Leben ist zu kurz und unsere Sehkraft zu gering, als daß wir mehr als Freunde im Sinne jener erhabenen Möglichkeit sein könnten. Und so wollen wir an unsere Sternen-Freundschaft *glauben* ...«
Diese Sätze habe Nietzsche zwar im Hinblick auf seine gescheiterte Freundschaft mit Wagner niedergeschrieben, sagte Montinari, aber sie hätten – dank ihrer grundsätzlichen Bedeutung – nicht selten auch ihm persönlich geholfen und er sei verschiedentlich Menschen begegnet, die ihm das für ihr eigenes Leben bestätigt hätten.

Er kommt aus Thailand

ist seit einigen Wochen Student an der Kunstschule; kann die Überschwemmung nicht vergessen, die er zu Hause erlebte, die Toten, die zerstörten Häuser, die Vernichtung der Reisernte. Jetzt sucht er sich auf seine Zeichnungen zu konzentrieren, kauft sich die weichsten Stifte, die er finden kann, zeichnet manchmal mit der linken Hand, weil dann, wie er sagt, seine Unsicherheit besser zum Vorschein kommt. Immer wieder habe er bei der Arbeit das Gefühl, durch einen Vorhang zu gehen. Im übrigen bleibe ihm verborgen, was er tue. Die Linien der Zeichnung – er nennt sie klug – hätten vielleicht die Fähigkeit, Dinge vorauszusehen. Wenn er ein Blatt beiseite lege, wisse er nicht, ob er am Ziel sei oder es verfehlt habe.

Pia

»Ich will eine Geschichte schreiben, die ich erlebt habe, aber an die ich mich nicht erinnern kann. Daher muß ich sie mir erfinden.« Eine Notiz Franz Tumlers in seiner Erzählung »Pia Faller«. Der Erzähler denkt daran, wie er in seiner Kindheit aufhörte, sich mit Musik zu beschäftigen, als die Frau, die ihm Unterricht gab, aus ihrer Wohnung ausziehen mußte. Die Tochter dieser Frau hieß Pia. Eines Tages bekommt er einen Brief von ihr. Sie schreibt ihm, sie habe gehört, daß im Funk eine Geschichte von ihm vorgelesen worden sei, sie habe sich gewundert, ihren Namen als deren Titel zu finden. Die Schrift ist ihm angenehm, er antwortet, zögert aber, als er einen weiteren Brief bekommt, merkt, daß die geschriebene Erzählung »einem Weitermachen, Brieflesen, Briefschreiben im Weg steht«, daß er jemanden mit seinem Text »betrogen« hat. Einige Jahre, bevor er erschien, erzählte Franz Tumler – während eines Abends in Triest – von seinem Plan, ihn zu schreiben, von der Verhexung durch diesen Namen, die ihm unverständlich geblieben sei. Erst in diesem Zusammenhang sei ihm aufgegangen, was es bedeutet, wenn man sagt, ein Wort nehme einen gefangen.

Der Kopf

sagst du, ist in der Welt, die Welt ist im Kopf. Schädel und Gesicht, balanciert auf der Wirbelsäule, sich drehend im Halbkreis, sich beugend, sich streckend; jetzt auf der Bühne, jetzt lieber in der Kulisse, mit Ohren, mit inneren, äußeren glänzenden Augen, ins Sichtbare unterwegs, Begegnungen suchend; mit Geheimgängen, von denen wir kaum etwas wissen; Horizonten, die ruhen, dann tanzen; mit gehüteten Träumen, Flammen, Fieber, Sehnsucht nach Schlaf, Dunkel und Licht, das Wurzeln schlägt, Knospen treibt und auf Sätze hinausläuft.

Die Terrasse

ist an diesem frühen Abend fast leer. Ein Mann, vor sich ein Glas Wein, blättert in einem Buch, fährt sich manchmal über die Augen, er blättert in seiner Vergangenheit, von etwas in Anspruch genommen, das ihm unbekannt blieb; gönnt den Träumen ihren Platz, sie dauern. Eine Katze springt auf den Stuhl neben ihm. Leichte Bewegungen der Luft. Ihre Klangfarben. Nirgends ein Marktschreier. Auf der anderen Straßenseite kauern bucklige Häuser. Langsam entsteht die Nacht. Die Sterne steigen. Schaute man lange genug hin, nähme man die Leitern wahr.

Mit der Hand

ahmte Marie Luise Kaschnitz einen Blütenkelch so nach, daß man ihn sah. Ich sah ihn noch Jahre später. In ihrer Stimme hörte man manchmal, wie sie Tränen unterdrückte. Sie suchte nach dem, was sie »einfache Augenblicke« nannte. Die Bäume vor dem Fenster erschienen ihr als Tänzer. Einmal klagte sie über die wiederkehrenden Zuckungen der Glieder während des Schlafs. Gern ging sie bei starkem Wind hinaus; sie liebte es, ihre Kräfte mit den seinen zu messen; es war dann, als rollten ihre Schultern. Nach dem Tod ihres Mannes erschien ihr Gedichtbuch *Dein Schweigen – meine Stimme*. In dem darin enthaltenen Zyklus »Schnee« stehen diese Zeilen:

Sieh wie es schneit.
Die Sterne fliegen fort.
Sie bauen ein neues Haus dort drüben.
Dein Halsweh? besser.
Kauf das dunkle Brot.
Geh *Du* ans Telefon.
Blüht schon die Linde?
Das Kind ist blaß
Wir geben zuviel aus.
Hörst du die Axt?
Sie fällen die Kastanien.
Schon Mitternacht
Und wieder nichts getan.
Sieh wie es schneit.
Und so ein Leben lang

Das Alter hat sie nicht als Kerker empfunden, sondern hat es mit einem Balkon verglichen, von dem aus man zugleich weiter und genauer sieht, »von dem man unter Umständen, vom Blitz getroffen oder von einem Schwindel überkommen, hinabstürzt ...«

Beim letzten Gespräch

nannte Wolfgang Weyrauch Vergänglichkeit eine Diebin. Die schönsten Pläne, meinte er, brächten zu oft das Gegenteil dessen hervor, was sie versprochen hatten. Sein offenes Gesicht wirkte wie immer gesammelt, das Gesicht eines Mannes, der sich nichts vormachte, Angst und Enttäuschung kannte, die Welt mit Mitleid und Güte sah, die Hoffnung nicht aufgegeben hatte, die Menschen würden eines Tages besser miteinander leben. Einsamkeit, Sehnsucht, Zärtlichkeit, Nachbarschaft sind Stichworte seiner Arbeiten. *Gesang um nicht zu sterben* heißt eines seiner Gedichtbücher. Die Geburtsstadt Königsberg, Gymnasium und Schauspielschule in Frankfurt am Main, die Zeit als Schauspieler in Münster und Bochum, das Studium der Germanistik und Romanistik in Berlin, die Jahre als Kriegsteilnehmer, als Redakteur des *Ulenspiegel*, als Lektor bei Rowohlt – das waren biographische Stationen dieses nachdenklichen, ernsten, der Freundschaft fähigen Mannes. Sehen Sie, sagte er, ehe wir auseinandergingen, wie draußen die Blätter trudeln und der Regen von den Dächern springt.

Pechvogel? Glückspilz?

Oft weißt du nicht mehr, was du bist. Bist du nicht ein Unglücksrabe geblieben? Und doch: ist nicht alles gut geworden? Hast du nicht das Höllenfeuer gekannt? Und doch: ist nicht das, was du jetzt empfindest, Dankbarkeit?
War dir dein Leben nicht unbegreiflich? Und doch: woher diese Durchsichtigkeit? War es nicht so, daß zu vieles nicht aufging? Und doch: gab nicht gerade das deinem Leben Bewegung? Blieb nicht das am meisten Erwartete aus? Und doch: erstaunt dich nicht die daraus sich ergebende Fernsicht?

»Diß Leben kömmt mir vor alß eine renne bahn«

Ich sehe, daß sich Andreas Gryphius zu uns setzt und anfängt zu erzählen, zuerst davon, daß er – noch nicht zehn Jahre alt – in höchste Lebensgefahr gerät, als er in der Nähe der Stadt Glogau über einen Graben springen will, beim Sprung ausgleitet und in dem ziemlich tiefen Wasser versinkt. Sein Geschrei und Hundegebell rufen den Müller herbei, dem es gerade noch gelingt, ihn zu retten.

Das Hundegebell, das Hundegebell, sagt er. Er wird es nie vergessen.

Ein Augenblick Schweigen.

Jahre später – erinnert er sich – stürzt er von einem Wagen, verletzt sich sehr. Immer wieder in seinem Leben wird er stürzen. Immer wieder macht ihm seine schwache Gesundheit zu schaffen. Einmal wird ihm plötzlich bewußt, was es heißt, ein Organismus zu sein. Was ist merkwürdiger? Wo sonst beginnen die Geschichten? Wo sonst gibt es Obdach?

Er ist viel unterwegs, lebt in Leipzig, macht sich auf nach Holland, nach Leyden – häufig die Rast in Schenken –, wird an der Universität eingeschrieben, studiert Sprachen, reist durch den Sommer oder in Schneewehen nach Frankreich, nach Italien, entdeckt Schönheit in der Vielzahl der Städte, der Menschen, lebt – wie in Windstößen – immer in Erwartung, will kenntlich sein und unkenntlich zugleich, bewundert das Feuer von Blumen – und dabei ist Krieg, gibt es Zerstörung, Pest, Verfolgung, Tod. Einmal nennt er Unglück reif, Dunkelheit fruchtbar, Leben Strandgut.

In Heidelberg bietet man ihm eine Professur an, auch in

Frankfurt an der Oder. Er lehnt ab. Er hängt an Glogau, das inmitten von Feldern schläft, wird dort Syndikus, heiratet, schreibt Dramen und Gedichte, ist oft für die Welt verloren; merkt, wie das, was er erlebt, sich in seinen Szenen und Strophen umbildet: oder wie etwas, was ihm jetzt als richtige Einsicht vorkommt, sich wenig später als Irrtum herausstellt. Er ist nicht klaglos. Aber er dankt auch, ahnt – trotz aller Mühsal, aller Furchtbarkeiten – eine Ordnung, erlebt Licht als Sprache zwischen den Erscheinungen der Welt.

Wieder hält er inne – meint dann, daß er, in die Jahre gekommen, nur noch wenig sagen könne. Angrenzende Gedanken könnten sich so am besten entfalten. Es gehe ohnehin meist anderes vor als das, was sich wahrnehmen und zum Ausdruck bringen lasse.

Er hat einen Blick für Abweichung. Einmal sieht er mitten im November Blüten an den Bäumen, pflückt er Erdbeeren. Ergötzlichkeiten des Frühlings nennt er sie. Aber auch das Alltägliche erregt ihn. Die ausgetretenen Schuhe eines Viehzüchters fallen ihm auf; ein Blatt, das auf dem Wasser eines Teichs treibt; ein Totengeläut. Einmal weiß er plötzlich nicht mehr, was er tun soll. Kommt Dasein doch ohne Worte aus? Die Vorstellungen und Antriebe, mit denen er bisher gelebt hat, scheinen ihm unterbrochen zu sein. Ist er Trugbildern gefolgt? Zeit ist ihm plötzlich verschollen. Dann wieder ist er ihr so sehr preisgegeben, daß er keinen Rat weiß. »Diß Leben kömmt mir vor alß eine renne bahn.«

Wo ist etwas ganz? Wo klar? Mängel, wohin er sieht. Aber sie halten alles in Bewegung, machen, daß nicht alles sang- und klanglos verschwindet; daß Zukunft weiterhin zuhört, Fallstricke nicht überhandnehmen.

Dann kommt er auf seinen Namen. Eigentlich heiße er Greif, sagt er. Ob wir uns nicht erinnerten an das fabelhafte Tier mit seiner Löwenstärke, seinen Krallenfüßen, Flügeln und dem krummen Schnabel eines Raubvogels; sei dieses Tier nicht ein Begleiter Apollons gewesen?

So erzählt er, erwähnt noch die Herztöne von Ungeborenen, die er gern hören möchte, auch die Dissertationes de Spectris, die Abhandlungen über Gespenster, die er noch schreiben werde. Dann erhebt er sich, entfernt sich, ungeduldig weiterzukommen, ist schon wieder auf seiner »renne bahn«, ist schon wieder in Glogau, das ihm fehlt, wenn er es für eine Weile verlassen hat, wird weiter leben, um sich zu erinnern und dabei Worte zu finden, die ihn überraschen können.

Wechsel von Wachen und Schlaf

»Ich beginne, diesem Augenblick aufzulauern. Wenigstens einmal möchte ich den Schlaf durchschauen, den Engel des Schlafs an seinen Flügeln fassen ...« Der Erzähler läßt es zu, daß er allmählich in den Schlaf gleitet, »um dann ... im letzten Augenblick den Kopf hochzureißen, wenn ich dachte, ich hätte mich dabei ertappt, wie ich in den Schlaf sinke«. Es war anrührend, zu erleben, wie Danilo Kiš nicht nur in den Worten seiner Romanfigur Andy, sondern auch im persönlichen Gespräch dem rätselhaften Wechsel von Wachen und Schlaf nachspürte. Das scheinbar »Selbstverständliche« des Vorgangs beschäftigte ihn so intensiv, daß er sich, wie er einmal zugab, manchmal davon intoxiert fühle. Er hatte Angst, zuviel zu sagen, ließ manches unausgesprochen, deshalb erreichten einen seine Sätze. Für Momente konnte er einen zerstreuten Eindruck machen, aber gerade dann entging ihm nichts. Gern streichelte er die Mähne von Pferden; er liebte die Spiele der Kindheit. Wiederholt empfand ich ihn als Bruder von Bruno Schulz.

Unterwegs vom Vorher zum Nachher

ist Basho, der das Wandern zu seinem Obdach gemacht hat; das Pferd, das drüben vorbeitrabt; die Zeichnung, die einen Anfang sucht und später vor uns liegt; das, was undenkbar schien und doch geschah; ein knochenhartes Leben bis zur Gnade des Todes; die Erdbebenwelle, die neue Zerstörungen hinterläßt –
sind die Antworten, die wir zu geben versuchen; die Melodien, in denen wir aufgehen; die Bilder, die im Spiegel emporsteigen können, weil seine hintere Seite dunkel ist; die Schafe, die eben an der Wegbiegung sichtbar werden und Rücken an Rücken dahinziehen; unsere Erinnerungen, die wer weiß woher kommen und wer weiß wohin sinken.

Doppeltes Wesen

Uralt und ganz neu. Osiris, Sonne, lebt in der Dunkelheit weiter, wechselt die Welten, eilt weg und kommt wieder, ist beschäftigt mit unseren Augen oder mit unserer Ahnung, erscheint deutlich oder geht unerkannt an uns vorüber, ist jetzt in einem Anderswo, dann im gegenwärtigen Augenblick, ruft Schrecken und Zauber hervor, errät sowohl unsere Worte als auch unser Schweigen, bebt und hält sich ganz ruhig, blüht, beginnt hinzuwelken, läßt uns heute im Unvordenklichen sein.

Woher die beständige Nähe

Max Kommerells? Früh schon empfindet er Erinnerungen als leicht und schwer zugleich. In der Welt zu sein und fern von ihr gelingt ihm in der Arbeit. Begegnungen mit Menschen, die ihm etwas bedeuten, sind für ihn nie vergangen. Über Karl Reinhardt, dessen Vortrag über Heraklit er in Marburg hört: Er sei niemand, »der großtut ... Clown aus Tiefsinn und linkisch aus einer Art Überreife«. An seine Frau im August 1934: »Ich spüre, wie innig ich auf einmal sehe – jeden Baum, jeden Naturmoment, wie ich jeden menschlichen Blick auffange ...« Was ihn beschäftigt, assimiliert er als »Baustoff«, das sei wichtiger, als über alles ein Urteil zu haben. Im Schwarzwald sieht er Täler, »die wie die Geschichte eines Lebens dalagen«, spürt er die Zuwendung im Wind, der in den Kronen wächst. Seine Zeit lief zu rasch ab, alles flog fort.

Odilon Redon

Ein paar Wiesenblumen in einem Krug. Eine Mohnblüte, eine weiße Winde, ein Stengel mit Knospen und einer gelben Blüte. Eine andere Blüte ist von dem Stengel abgefallen.

Ein Stilleben von Odilon Redon, der Blüten Wunderwerke des Lichts nannte; bewundernde Worte für den Botaniker Armand Clavaud fand, dem er viel verdankte, vor allem die geduldige Wahrnehmung der Erscheinungen der Natur, auch den Blick in neue Welten, wie ihn das Mikroskop ermöglicht.

Gern wäre Redon auf dem Meer geboren worden, während einer Schiffsreise seiner Eltern. Kindheit und Jugend verbrachte er zwischen dem Weinland des Médoc und dem Ozean in einer Landschaft mit Pinien, Weilern, Schafsgehegen. Viele Male hat er sie durchquert.

In den frühen Jahren suchte er dunkle Winkel im Haus, verbarg sich gern in langen Gardinen, war ein schwankendes, nachdenkliches, in seine Träume versponnenes Wesen.

Später wollte er in seinen Arbeiten Wirklichkeit unmittelbar kopieren, indem er Dinge, und zwar – wie er hervorhebt – die unscheinbarsten (einen Kieselstein, einen Grashalm), aufmerksam nachbildete. Gern arbeitete er in der Abgeschiedenheit, weil sie – so seine Worte – dem geliebten Gegenstand Glanz und Kraft gab.

Was ihn zunehmend stärker beschäftigte, waren Mischwesen, Monstren. Ich erinnere mich an eine Ausstellung im Frankfurter Städel im Jahr 1973, wo sie aus der Schwärze vieler Blätter, aus der Bodenlosigkeit auftauchten, unter einem Auge, das (es wurde eins seiner bekanntesten Bilder) als Gestirn über der Erde erschien.

Ich notierte mir damals seine Bemerkung, Trauer ohne sichtbaren Grund verstehe er als eine Art Gebet, das man ins Unbekannte spreche. Und eine andere: er könne seine Augen nicht auf einer Erscheinung des Lebens – etwa ein paar Wiesenblumen in einem Krug – ruhen lassen, ohne daß sein Lebensgefühl stärker werde.

Tomas Tranströmer

sieht, wie das Erwachen sich in einen Fallschirmsprung aus dem Traum wandelt; wie ein Bussard innehält und zu einem Stern wird; wie der Sonnenuntergang einem Fuchs gleich über das Land streicht; wie die Armbanduhr mit dem gefangenen Insekt der Zeit schimmert; wie die Amsel sich kreuz und quer bewegt und dabei eine Kohlezeichnung entsteht; wie eine Brücke als großer, eiserner, am Tode vorbeisegelnder Vogel erscheint; wie einstmals gelesene Bücher als Segelschiffe vorüberziehen; wie ein Bus die Schnauze der Sonne zukehrt und brüllend aufwärtskriecht; wie ein Telefongespräch in die Nacht ausläuft und im Sand glitzert.
Tranströmers Gedichte können den Charakter von Zaubersprüchen annehmen. Sie sind voller Echos. Sie geraten nicht in Atemnot. Sie sind geschrieben von jemand, der sich nicht im Besitz von Sprache glaubt, sondern nach ihr sucht und sie findet. Sie zeigen Entdeckungen. Man versteht mit Tranströmer, daß Sternbilder in ihren Boxen stampfen; daß Gespenster einen Schluck nehmen; daß im Morgengrauen unzählige Menschen die Erde in Gang treten; daß Pflanzen Gedanken haben; daß noch weit zu gehen hat, wer angekommen ist.
Gegenwärtig bleibt, was einmal als helles Staunen bezeichnet wird; oder als wütender Hunger nach Einfachheit. Man findet Frische, Unwillkürlichkeit, Bündigkeit, Scheu, Behutsamkeit, die Fähigkeit, sich verzaubern zu lassen. Vieles scheint wie im Flug erhascht. Unerhörte Bilder sind miteinander verständigt, rufen eine innere Schwingung aus Bangigkeit und Festlichkeit hervor. Worte können fühlbar machen, was sie verschweigen. Un-

ruhe bleibt lebendig. Nichts verläuft im Sand. Die Stimme ist – auch als Vorklang, als Nachklang – eher bebend als fest; glaubwürdig, verhalten, zögernd, stellenweise auch emphatisch. Ein Ton entsteht, der die Klage selten zuläßt; der Erinnerung als Glück und Heimsuchung vernehmbar macht, der vieles mitenthält, was sich außerhalb des Gedichts zu fliehen scheint. Keins der in der Berührung mit der Welt begegnenden Rätsel wird gelöst. Sie werden – als Sprache – unausweichlich. Sie atmen.

Mit den Kindern

die auf der Sängerkanzel des Luca della Robbia musizieren, konnte man an diesem Vormittag im Florentiner Dommuseum – draußen umherirrender Regen – fast allein sein. Kinder mit Tuben, Zimbeln und Tambourinen, mit Handorgel, Laute und Flöte. Kinder auf kleinen Wolken. Eins, das sich die Ohren zuhält. Ein singender Chor. Kinder in langen Hemden oder nackt. Kinder, die sich in ihrem Spiel vergessen, die noch nicht wissen, wie rasch das Leben durchquert ist, die noch warten auf das, was ihnen zuwachsen wird, hingegeben den Tönen, die große Augen machen.

Eine Weile

findet sie Gefallen an Annas Haus, in dem sie zu Besuch ist, und dem Garten mit seinen Pflanzen und Versteinerungen, Schneckenhäusern, Ammoniten, Muscheln. Die Ruhe empfindet sie nicht als bedrückend, sie achtet auf die Geräusche der Insekten, der Nachbarn, um sich einzureden, sie nehme am Leben teil. Oder sie sieht die Vögel am Zaun, die ihre gläsernen Augenknöpfe auf die Straße richten. Sie hat das Gefühl, ins Blattwerk gesaugt zu werden, wenn sie lange das Flirren der Bäume anschaut. Sie sagt: »Ich erhole mich, ich liege da wie tot.« Wenn sie Anna gegenübersitzt, hat sie den Eindruck, diese betrachte sie mit Steinaugen. *Muschelgarten* heißt der Roman von Margrit Schriber, in dem sie zeigt, wie eine Frau sich im Gestrüpp ihrer Empfindungen und Gedanken verfängt; auf etwas zugeht, was sie nicht wahrzunehmen wagt und dennoch in die Helligkeit bringen will.

Die Fahrt durch das Piemont

vor vielen Jahren, durch Reiseebenen, Dörfer und Weinberge, die Aufenthalte in Orta, Novara, Vercelli, Ivrea und Alba, die Begegnungen mit einem Trüffelsucher (seine Finger gleich Rebstockwurzeln) und Teilnehmern des Palio in Asti – das alles war, sagst du, einmal Wirklichkeit. Die Erinnerung findet durch Dunkelheit dahin zurück, in eine vielleicht andere Weise von Zeit, zu Dingen, die zu etwas anderem geworden sind, zu Lesezeichen, Widerhall, Herzschlag. Einmal erzählte jemand von dem alten Glauben, in den Bergen schwinge sich die Erde auf, um dem Himmel zu begegnen. Groß die Untergänge der Sonne. Wie glühten sie nach.

»Fluchtpunkt Santiago«

hieß der Vortrag, den der Philosoph und Soziologe Dietmar Kamper an einem Juni-Wochenende aus Anlaß der Verleihung des Petrarca-Preises an Gerhard Meier im burgundischen Vézelay hielt. Ich war von dem, was er sagte und wie er es sagte, sofort berührt und verfolgte von da an seine Veröffentlichungen, lernte sein Interesse für Verdrängtes, Unterdrücktes, Ausgeschlossenes kennen, für die Schwere und Endlichkeit des menschlichen Körpers, für die Einbildungskraft, für eine Fragekunst, die ihre Antworten »nicht schon heimlich präpariert hat«. Seine Überlegungen blieben komplex, waren geprägt von der »Anstrengung, überhaupt da zu sein und von Tag zu Tag weiterzukommen«, von seinem Hunger nach Einzelheiten, seiner Weigerung, Lösungen vorzutäuschen, seinem immer neuen Starrwerden vor Entsetzen beim Blick auf den Wahnsinn des Laufs der Welt. Ein Jahr nach dem Treffen in Vézelay sprach er von dem »Nachzauber«, von dem »unverhofften Augenblick des Wiedersehens, stolpernd am Rand der Straße, obwohl man sich noch nie gesehen hatte«. Das Netz der Freundschaft, in dem er lebte, von dem er sprach, bleibt, seitdem er tot ist, wahrnehmbar im »Nachschein des Irdischen«.

Frost

der es auf alles Leben abgesehen hat; Kälte, die einem in die Knochen fährt. Keine farbige Luft mehr. Nichts, was zusammenfließt. Leere, hügelige, faltige Landschaft, die von einem langen Winter erzählt. In einiger Ferne ein alleinstehender Baum, ein Anhaltspunkt, der kaum einmal aus den Augen rückt. Auch er wurzelt in seiner Vergangenheit. Zu ihm gehört Hermann Hesses Gedicht »Knarren eines geknickten Astes« mit seinen glanzlosen Worten: splittrig, trocken, trotzig, kahl, fahl, hart, bang. Halblaut spricht man in die Dämmerung des Spätnachmittags. Jetzt kommt für Sekunden die Sonne durch, ihre Helligkeit landet in dem struppigen Gezweig.

Nichts weiter

Wenn ich an Ernst Meister denke, fällt mir u.a. eine Tagung in Innsbruck ein, bei der – es herrschte eine Gluthitze – er vom Atem als von einem merkwürdigen, überraschenden, schönen Fremdling sprach. Dieses Bild ist mir in Erinnerung geblieben. Auch ein Gedicht aus seiner Lesung, das nach einer ausführlichen Montaigne-Lektüre entstanden war und das ich dann wiederfand in seinem Band *Wandloser Raum*, der 1979, in Meisters Todesjahr, herauskam:

Wie es einer
gedacht hat,
Sterben:

Sich drehn
von der Seite der
Erfahrung auf die

der Leere, un-
geängstigt, ein
Wechseln der Wange,

nichts weiter.

Wir kannten uns seit der Studentenzeit im Heidelberg der fünfziger Jahre. Damals fiel mir seine Bemerkung auf, er befinde sich wegen unlösbarer häuslicher Schwierigkeiten in Teufels Küche, aber wenigstens kämen die Worte auf ihn zugeflogen. Sie halfen ihm, sich der seidenen Fäden bewußt zu werden, an denen alles hing.

Mehr, mehr, am wenigsten

Die Wolken wachten auf, wurden blendend weiß, trieben so rasch dahin, als wollten sie den Himmel mit sich ziehen. Elias Canetti blieb stehen und sagte: sie sind die Pferde der Götter. Am späten Nachmittag hatte er in einer Buchhandlung gelesen. Drei Sätze, drei seiner Fänge, habe ich mir damals notiert: »Daß einer das Leben durchschaut und doch so lieben kann! Vielleicht hat er eine Ahnung davon, wie wenig sein Durchschauen bedeutet.« – »Man braucht unendlich ferne Sätze, die man kaum versteht, als Halt über die Jahrtausende.« – »Mehr, mehr, am wenigsten.« Er hatte gelesen und den Worten, in denen eine andere Welt anfing, nachgehorcht. Jetzt arbeiten sie in ihrer Heimlichkeit allein weiter, meinte er: aber zuerst fliehen sie, damit sie nicht zu Tode geritten werden.

Im Wiener Kunsthistorischen Museum

standen wir unvermittelt vor dem Bild »Nächtliches Gastmahl« von Wolfgang Heimbach. Menschen an einer langen Tafel. Die Wände, die brennenden Kerzen hören ihren Gesprächen zu. Wie haben sie gelebt, wie leben sie? Mit einem Nichts? Voll wartender Träume? Mit der Kehrseite der Dinge? Mit einer Hoffnung, in der sie aufgehen? Sie rühren sich nicht von der Stelle. Vielleicht schlagen sie später mit ihren Flügeln. Der um 1615 geborene Maler – wenig ist über ihn bekannt – soll stumm und taub gewesen sein, zur Ausbildung in den Niederlanden, eine Reihe von Jahren in Italien, danach in Oldenburg gelebt haben.

Ich sah dich gestern

Ich werde dich nachher sehen. Dazwischen die Stunden der Resonanz. Was war, tönt nach, schwingt weiter, bildet sich fort. Leben, das an anderem Leben wächst. Zugemischt sind Unruhe und Beständigkeit; der nach Häutungen veränderte Blick; ein von weither kommendes, nicht ableitbares Einverständnis; Bilder, die zu Schutzbildern geworden sind, die man aufgenommen hat für immer; die Schrift von Briefen; Tage, die bleiben, wenn man sie nicht zu halten versucht; der durch den Raum treibende Sommer, sein Feuerwerk.

Quellenübermut

Der Weg führte unterhalb des Berghangs entlang. Auf dieser Seite floß Wasser talwärts, auf der anderen senkte sich die Wiese zu dem – nach den Regenfällen der vergangenen Tage – angeschwollenen Bach, der ebenfalls dahinsprang, von Mal zu Mal aufleuchtend, wenn die Sonne zwischen den treibenden Wolken erschien. Blätter fielen – es war Anfang November – durch die von Pilzgeruch erfüllte Luft. Immer wieder sah man Quellen zwischen silbrigen oder schwarzen Wurzelstöcken aus dem Hang treten und mit Sprungkraft forteilen. Sie huschten, sprühten, erzählten ihre Geschichten. Es war ein Quellenübermut, der zutage kam, es war Sehnsucht nach erscheinendem Leben. An den Zweigen der Buchen und Birken, die den hereinschwingenden Himmel berührten, ahnte oder sah man die neuen Triebe, man verstand, wie das, was verging, Verbindung hielt zu dem, was begann, man verstand das Versprechen. Hinter einer Wegbiegung wimmelte es von spielenden, zu einer Schulklasse gehörenden Kindern. Licht, ringsum sichtbar, weil es von den Dingen aufgenommen wurde, ruhte auf zusammengewehten, kupferfarbenen Blättern und auf einem braunschwarzen Admiral mit seiner roten Binde und den weißen Flecken auf den Vorderflügeln. Auch er bewahrte seinen Umriß, blieb in seinem Zusammenhang.

Zahlreich möchten sie sein

die Tümmlertauben, die jetzt hoch im Licht (das heute wie Unterwasserlicht ist) ruhig, unkorrumpierbar kreisen, bevor einzelne zu purzeln beginnen, zu stürzen, sich rücklings mehrere Male zu überschlagen. Sie gehorchen vielen Gesetzen, holen ihren Übermut ein, überlassen sich dem Gleitflug und werden schließlich vom weiter kreisenden Schwarm wieder aufgenommen.

Durch alle Verwehungen hindurch

Der spanische Dichter Luis Rosales (er starb 1992 im Alter von 82 Jahren) schrieb in den für ihn charakteristischen Langzeilen das Gedicht »Autobiographie«:

Wie ein Ertrinkender, der noch methodisch die Wellen
    zählt, die fehlen um ganz zu sterben,
und der, um jeden Irrtum zu vermeiden, sie zählt und
    wieder zählt bis zu der letzten,
zu der, die, nicht viel größer als ein Kind, das betet, ihm
    dann die Stirn bedeckt,
so habe ich mit unbestimmter Vorsicht gelebt wie ein
    Kartonpferdchen in einer Badewanne
und weiß, daß ich mich nie geirrt habe, in nichts,
nur in dem Einen, dem, worauf mirs ankam.

Der Dichter sagt nicht, was das Eine war, worauf es ihm ankam. Jeder Leser wird die Zeilen mit seiner eigenen Erfahrung ergänzen. Ich fand das von Erwin Walter Palm übertragene Gedicht in dessen Anthologie spanischer und spanisch-amerikanischer Lyrik seit 1900, die unter dem Titel *Rose aus Asche* 1955 erschienen war und die ich im Reisegepäck hatte, als ich im April 1968 zu einer Reihe von Lesungen aus meinen Büchern in Spanien und Portugal (in Barcelona, Valencia, Madrid, Toledo, Bilbao, Lissabon und Porto) unterwegs war.
Was mich im Zusammenhang mit dem zitierten Gedicht damals unter anderem beschäftigte: das Doppelgesicht dessen, was wir Irrtum nennen. Ist es nicht oft so, daß das, was uns zu einem bestimmten Zeitpunkt ein Irrtum zu sein scheint, sich später als das herausstellt, was uns

weiterhilft, und daß wir andererseits gerade dann irren können, wenn wir auf dem richtigen Weg zu sein meinen?

Außer der *Rose aus Asche* hatte ich mitgenommen Gustav Siebenmanns Buch über *Moderne Lyrik in Spanien*, Rudolf Grossmanns Anthologie spanischer Gedichte aus acht Jahrhunderten, Karl Krolows Übertragungen spanischer Gedichte des zwanzigsten Jahrhunderts, Antonio Machados *Juan de Mairena* (laut Untertitel *Sentenzen, Späße, Aufzeichnungen und Erinnerungen eines apokryphen Lehrers*) sowie Georg Rudolf Linds Übertragungen von Gedichten Fernando Pessoas.

Ich war zum erstenmal auf der iberischen Halbinsel. Es wurden Wochen vieler nachwirkender Begegnungen mit Menschen, Städten, Landschaften, Bildern in den Museen, Prosa und Gedichten, die ich »behalten« habe, deren »wiederholte Spiegelungen« (Goethe) mich teilweise bis heute – durch alle Verwehungen hindurch, die die Jahrzehnte mit sich bringen – bei der eigenen Arbeit begleiten. Geblieben ist der Wunsch zu bewundern, in der Poesie »das Wunder der Schönheit verwirklicht zu sehen« (wie es Machado seinen Juan de Mairena sagen läßt), geistige Gespanntheit, sich kristallisierende Zeit, Dankbarkeit für das Rätsel des Lebens.

»Lesezeichen, Widerhall, Herzschlag«
Nachwort zu neuen Gedichten und Aufzeichnungen von Walter Helmut Fritz

Nach vier Jahren ein neues Buch von Walter Helmut Fritz. Um mit seinem Freund Hermann Lenz zu sprechen, der wie er ein Zurückhaltender, Leiser war: »pressiert« hat es ihm nie. Und wie schön zu sehen, daß der Autor im besten Sinn »ganz der alte« geblieben ist. Gedichte und Aufzeichnungen – das sind neben Prosagedichten, jener Gattung, die zwischen den beiden genannten steht, die beiden literarischen Genres des späten Walter Helmut Fritz. In den 60er und 70er Jahren schrieb er auch Romane; darunter den französischen Nouveau Roman fortschreibende Werke wie *Abweichung* (1965) oder den autobiographisch grundierten Band *Bevor uns Hören und Sehen vergeht* (1975), der von einem Studenten im Heidelberg der Nachkriegszeit erzählt. Damals studierte Fritz bei dem Philosophen Hans-Georg Gadamer, dem er im vorliegenden Band einen eindrücklichen Gedichtzyklus widmet.

Im Lauf der Jahre hat sich Fritz, ein Freund des Einfachen, Lakonischen, ganz den kleinen Formen zugewandt; auf der Höhe seines Könnens sehen wir ihn in *Offene Augen*. Der Titel stammt aus »Die Fliehkraft«, einem der zahlreichen Porträtgedichte über Weggefährten des Autors. Es entwirft ebenso knapp wie poetisch ein Bild des Verlegers Rudolf Hirsch vom Fischer Verlag, wo Fritz Ende der 60er Jahre selbst einmal Lektor war. Diese »offenen Augen« (Symbol der Aufmerksamkeit, Achtsamkeit) zeichnen auch Walter Helmut Fritz aus: was seine Physiognomie betrifft – seine großen, freundlichen Augen –, wie auch seinen offenen, der Welt zugewandten Blick. So zeugen auch die Texte seines neuen Buchs immer wieder von einem vorsichtigen, aber doch klaren »Ja« zur Welt. Gleich das erste Gedicht gibt ein beredtes, aber – wie alle Fritzschen Texte – niemals redseliges Beispiel:

Nach dem Erwachen

Dank für den Augenblick
in dem die Helligkeit
wieder da ist,
sich an die Arbeit macht,
auseinanderfaltet,
was sich eben noch
verdeckt hielt.

In manchen Gedichten und Aufzeichnungen geht es um Zweifel, um die zwangsläufigen Täuschungen eines Lebens, um Fehler, die man nicht mehr ungeschehen machen kann. Allerdings werden sie nicht als sinnlos oder gar zerstörerisch gesehen. »War dir dein Leben nicht unbegreiflich?« heißt es einmal. »Und doch: woher diese Durchsichtigkeit? War es nicht so, daß zu vieles nicht aufging? Und doch: gab nicht gerade das deinem Leben Bewegung? Blieb nicht das am meisten Erwartete aus? Und doch: erstaunt dich nicht die daraus sich ergebende Fernsicht?« Auch in diesem Sinn schließt Fritz' neues Buch mit seinem behutsamen Fragen, den Blicken aufs alltägliche Leben, Reisebildern, Lektüreeindrücken und Porträts, an seine zuletzt erschienenen Werke an, die Gedichtbände *Zugelassen im Leben* (1999) und *Maskenzug* (2003).

»Halt machen« heißt eine Aufzeichnung, die den Autor mit den Dingen und der Natur quasi Auge in Auge zeigt. »Die Steine, der Hügel lassen einen nicht aus den Augen. Was haben sie für uns? Ihr Schweigen, ihre Ruhe, das Licht der Mittagsstunde als weithin sichtbare Aufführung.« Und ein andermal, über Tizians »Danae«: »Ein Bild ohne Beiwerk. Voller Ruhe. Eine Feier von Schönheit. Licht und Farbe füreinander geschaffen. Sie wetteifern miteinander; bleiben nicht stumm; gehen, wenn wir sie anschauen, in uns über.« Walter Helmut Fritz, der so oft die südeuropäischen Länder bereiste, ist auch ein Erbe des »mittelmeerischen Denkens« von Albert Camus, der Licht, Wasser und Weite pries und ein entschiedenes Dennoch gegen die Absurdität des Seins setzte. Um wie viel absurder ist es, fast 50 Jahre nach Camus' Tod, in unserer hochbeschleunigten, dem »Virtuellen« verfallenen Welt ...

Mit Fritz' neuen Texten, die ganz ohne Beiwerk auskommen, ihrem ruhigen Blick, ihren »zeitleichten Fragen«, wie ein Gedicht überschrieben ist, kann man Halt machen: erkennen, daß der Himmel sich nicht entfernt, sondern zugehörig bleibt; daß alles Gewesene an- und abwesend zugleich ist; daß Zeit zu sich kommt, weil sie vergeht. Von »Lesezeichen, Widerhall, Herzschlag« spricht er an einer Stelle. Diese drei Wörter scheinen wie ein Motto über seinem neuen Buch zu stehen, das von Begegnungen mit Büchern und Menschen erzählt, vom Widerhall der Natur, der Musik und Kunst – und vom poetischen Herzschlag seines Autors.

In zwei Jahren, im August 2009, wird Walter Helmut Fritz 80 Jahre alt. Jahrzehnte seines Lebens hat sich dieser große und bescheidene Autor in Jurys, Akademien und Kommissionen für Kollegen eingesetzt und sein eigenes Werk hintangestellt. Was er über den Schriftsteller Miguel Ángel Asturias schreibt, trifft auch auf ihn zu: »Keinen Augenblick wirkte er aufgeplustert.« In der Aufzeichnung »Durch alle Verwehungen hindurch« notiert Fritz denn auch ein kleines, aber um so schöneres Selbstporträt: »Geblieben ist der Wunsch zu bewundern, in der Poesie ›das Wunder der Schönheit verwirklicht zu sehen‹ (…), geistige Gespanntheit, sich kristallisierende Zeit, Dankbarkeit für das Rätsel des Lebens.«

Matthias Kußmann

Quellennachweis

Marie Luise Kaschnitz, »Schnee«, in: Marie Luise Kaschnitz, *Dein Schweigen – meine Stimme. Gedichte 1958–1961*
© Claassen Verlag, Hamburg 1979

Erich Fried, »Vorübungen für ein Wunder«, in: Erich Fried, *Liebesgedichte*
© Verlag Klaus Wagenbach, Berlin 1979, NA 1995

Ernst Meister, »Wie es einer«, in: Ernst Meister, *Wandloser Raum. Gedichte*
© Rimbaud Verlag, Aachen 1996

Luis Rosales, »Autobiographie«, in: *Rose aus Asche. Spanische und spanisch-amerikanische Lyrik seit 1900*, herausgegeben und übertragen von Erwin Walter Palm
© Piper Verlag GmbH, München 1955

Leider ist es in einigen Fällen nicht gelungen, den Rechteinhaber ausfindig zu machen. Der Verlag bittet, etwaige Ansprüche anzumelden.

Inhalt

Gedichte
Nach dem Erwachen 7
Im See 8
Mein Lesezeichen 9
Eben 10
In Sprüngen 11
Zeitleichte Fragen 12
Am Ufer des Flusses 13
Aber wo? 14
Winde 15
Du kennst diesen Drachen 16
Die Fliehkraft 17
Désir 19
Siehst du 20
Dein Großvater 21
Die Kinder 22
W. H. 23
Einem Wort gleich 25
Während Dämmerung 26
Tod eines Freundes 27
Die Töne 28
Gadamer I-X 29

Aufzeichnungen
Was in der Erinnerung 39
Er ist Astronom 40
Auf den Leib geschrieben 41
Halt machen 42
Claude Vigée 43
Wisława Szymborskas Gedichte 44

Ein Mann **45**

Vor Tizians »Danae« **46**

Denktraum **47**

Nun ist sie **48**

Er erwähnte **49**

Das hast du gelesen? **50**

Ich hörte Johannes Edfelt **51**

In Crotone **52**

Warum sprach **53**

Nach einer Pause **54**

Auf diesem Bergsattel **55**

Es war an dem Abend **56**

Die Zeitungsnotiz **57**

Sternschnuppen **58**

Während eines Vortrags **59**

Als Schatten auf festem Boden **60**

Alain Bosquet **61**

Unterwegs **62**

Ernest Chaussons Trio op. 3 **63**

Worauf Verlaß sei **64**

Bei einer Tagung **65**

Er kommt aus Thailand **66**

Pia **67**

Der Kopf **68**

Die Terrasse **69**

Mit der Hand **70**

Beim letzten Gespräch **72**

Pechvogel? Glückspilz? **73**

»Diß Leben kömmt mir vor alß eine renne bahn« **74**

Wechsel von Wachen und Schlaf **77**

Unterwegs vom Vorher zum Nachher **78**

Doppeltes Wesen **79**

Woher die beständige Nähe 80
Odilon Redon 81
Tomas Tranströmer 83
Mit den Kindern 85
Eine Weile 86
Die Fahrt durch das Piemont 87
»Fluchtpunkt Santiago« 88
Frost 89
Nichts weiter 90
Mehr, mehr, am wenigsten 91
Im Wiener Kunsthistorischen Museum 92
Ich sah dich gestern 93
Quellenübermut 94
Zahlreich möchten sie sein 95
Durch alle Verwehungen hindurch 96

»Lesezeichen, Widerhall, Herzschlag«
Nachwort von Matthias Kußmann 99
Quellennachweis 103